SEI, WIE DU BIST.
ES KOMMT SOWIESO RAUS.

Wir verzichten bewusst auf das Einschweißen unserer Bücher – der Umwelt zuliebe.
Keine Folie – weniger Plastikmüll.

Für Fragen:
kontakt@cupcakesandkisses.de
1. Auflage 2021
© 2021 Cupcakes & Kisses Publishing (Nova MD),
ein Imprint der Roklife UG (haftungsbeschränkt)
Kommerscheidter Straße 104
52385 Nideggen-Schmidt
Tel. 0800 - 7242199
www.cupcakesandkisses.de

Bestellung und Vertrieb:
Nova MD GmbH, Vachendorf

Printed in the EU

ISBN 978-3-96966-470-4

DIESES BUCH IST FÜR

Und das wollte ich noch dazu sagen:

WEGWEISEND

In diesem Buch habe ich für dich alles Wissenswerte über mich zusammengefasst. Es wird dir viele wichtige Fragen über mich beantworten. Sieh es einfach als eine Art Wegweiser durch meine Persönlichkeit.

Grundlegendes
Alles, was mich ausmacht, was ich gern habe, womit du mich auf die Palme bringst und was mir Freude bereitet.

Pärchensache
Was für mich in einer Beziehung wichtig ist, was ich mir wünsche und warum du mich lieben solltest, wie ich bin.

Stärken und Schwächen
Meine Fehler und Macken, die mich zu dem Menschen machen, der ich bin.

Zwischenmenschliches
Alles über Familie, Freunde, Feinde und alle, die sonst noch wichtig sind.

Quiz
Mal sehen, was alles hängen geblieben ist. Umblättern verboten!

FÜR DEN BESCHENKTEN

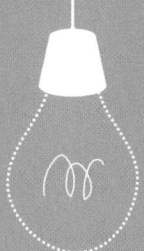

GRUNDLEGENDES

DAS BIN ICH

Vorname(n)

Nachname

Spitzname(n)

So nennen mich meine Eltern

Geburtstag

Geburtsort

Hier wohne ich gerade

Hier würde ich gerne wohnen

Sternzeichen

Größe

Haarfarbe

Schuhgröße

Bester Freund/Beste Freundin

Lieblingswort

Lieblingseissorte

Mein Vorbild

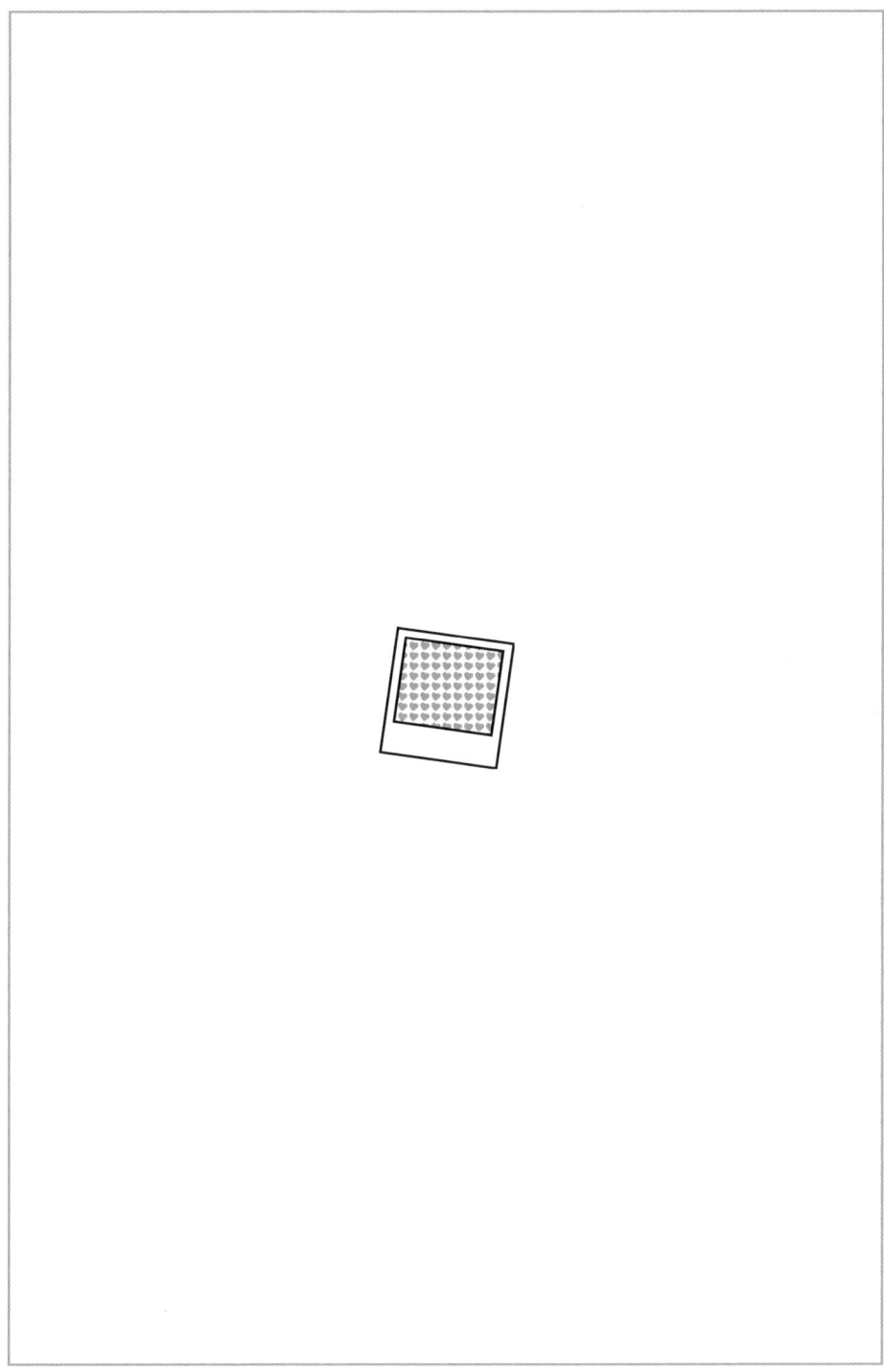

Ein Foto von mir

Dieser Satz hätte von mir sein können: _____
_____
_____

Im Zweifelsfall lieber:

Ergänzung:

Beispiel: süß ☐ ☒ salzig   FILM UND CHIPS = PERFEKTER ABEND

Berge	☐ ☐	Strand	_____
Duschen	☐ ☐	Baden	_____
Shoppen	☐ ☐	Spenden	_____
Sport	☐ ☐	Lesen	_____
Sonne	☐ ☐	Schatten	_____
Hund	☐ ☐	Katze	_____
Cocktail	☐ ☐	Tee	_____
einfach	☐ ☐	kompliziert	_____
launisch	☐ ☐	ausgeglichen	_____
Natur	☐ ☐	Stubenhocker	_____
Eule	☐ ☐	Lärche	_____

Adjektive, die mich beschreiben:

Was mich richtig wütend macht:

_____

_____

_____

_____

Und wie du mich beruhigen kannst:

_____

_____

_____

_____

Was mich zum Weinen bringt:

_____

_____

_____

_____

Und wie du dafür sorgst, dass ich wieder lachen kann:

_____

_____

_____

_____

Wovor ich richtig Angst habe:

_____

_____

_____

_____

Und wie du mich beschützen kannst:

_____

_____

_____

_____

ESSEN UND TRINKEN

Das perfekte Drei-Gänge-Menü für mich wäre:

VORSPEISE

GETRÄNK

HAUPTSPEISE

GETRÄNK

NACHSPEISE

GETRÄNK

Und damit solltest du den Tisch dekorieren:

Wenn ich gestresst bin, dann esse ich am liebsten:

Dieses Gericht erinnert mich an meine Kindheit:

Das kommt mir nicht auf den Teller:

Mein After-Work-Drink ist:

Bei mir ist das Glas immer so voll:

Und gefüllt mit:

Oder mit:

Auf diese Lebensmittel reagiere ich allergisch:

Wenn ich krank bin, solltest du mir ...

... zubereiten.

Dieses Gericht kann ich besonders gut kochen:

SCHLAFENSZEIT

Ich schlafe am liebsten:

- ☐ auf der linken Seite
- ☐ auf der rechten Seite
- ☐ auf dem Rücken
- ☐ auf dem Bauch
- ☐ alles zusammen

- ☐ mit Heizung bis zum Anschlag aufgedreht
- ☐ mit offenem Fenster
- ☐ mit vielen Kissen
- ☐ mit Körperkontakt
- ☐ ohne Körperkontakt

Vor dem Schlafengehen mache ich am liebsten:

_____
_____
_____

Wenn ich nicht schlafen kann, hilft mir immer:

_____
_____
_____

Diese Lektüre/dieser Podcast/dieses Hörbuch ist perfekt zum Einschlafen:

Diese Dinge habe ich immer neben dem Bett stehen:

_____ _____
_____ _____
_____ _____

Am Morgen:

- möchte ich nicht angesprochen werden
- mache ich Sport
- lese ich Zeitung
- dusche ich lange
- kuschle ich gerne
- bin ich schon im Stress

Oder: _____
_____

Meine Morgenroutine sieht in etwa so aus: _____
_____
_____
_____
_____

- Wenn ich ☐ Stunden schlafe, bin ich ausgeschlafen.
- Am Wochenende darfst du mich gerne um ☐ wecken.
- Im Bad brauche ich durchschnittlich ☐ Minuten.

Ich frühstücke am liebsten:

- im Bett
- im Café
- frische Brötchen
- Coffee to go
- ausgiebig
- gar nicht

Oder: _____
_____

# IM ALLTAG

Meine Woche sieht meistens so aus:

MONTAG — FREITAG

SAMSTAG

SONNTAG

Was ich unter der Woche gerne unternehme:

_____

_____

_____

_____

An einem verregneten Sonntag würde ich ...

_____

_____

_____

Wenn die Sonne lacht, können wir gerne ...

_____

_____

_____

Zum Thema Sport:

- ▪ immer gerne
- ▪ Sport? Was ist das?
- ▪ Mit dir würde ich gerne diese Sportart(en) ausprobieren
  ↓

_____

_____

_____

_____

- ▪ ab und an kein Problem
- ▪ am besten jeden Tag
- ▪ alles bis auf:
  ↓

_____

_____

_____

_____

≥ BITTE NICHT STÖREN! ≤

Bei diesen Tätigkeiten möchte ich nicht gestört werden:

- ☐ _____
- ☐ _____
- ☐ _____
- ☐ _____
- ☐ _____
- ☐ _____
- ☐ _____

Wenn ich diese Serie schaue, solltest du nicht zuhause sein:

Sie wird jeden _____

um _____

ausgestrahlt.

Ausnahmsweise mitschauen dürftest du nur, wenn:
_____

Diesen Film/diese Filme schaue ich lieber alleine:

Wenn ich das hier mache, befinde ich mich in einer Trance, deswegen brauchst du mich gar nicht anzusprechen:

Ich würde dich auf gar keinen Fall bei …

… stören. Versprochen!

GEGENTEILE

MAG ICH ⟵⟶ MAG ICH NICHT

Gerüche

Geräusche

Angewohnheiten

Länder

Essen

Bücher

DOS AND DON'TS

Diese Themen ignoriere ich meistens:

- _____
- _____
- _____
- _____

Diese Themen diskutiere ich am liebsten:

- _____
- _____
- _____
- _____

Bei diesen Themen langweile ich mich einfach:

- _____
- _____
- _____
- _____

Diese Themen machen mich traurig:

- _____
- _____
- _____
- _____

Was ich mag

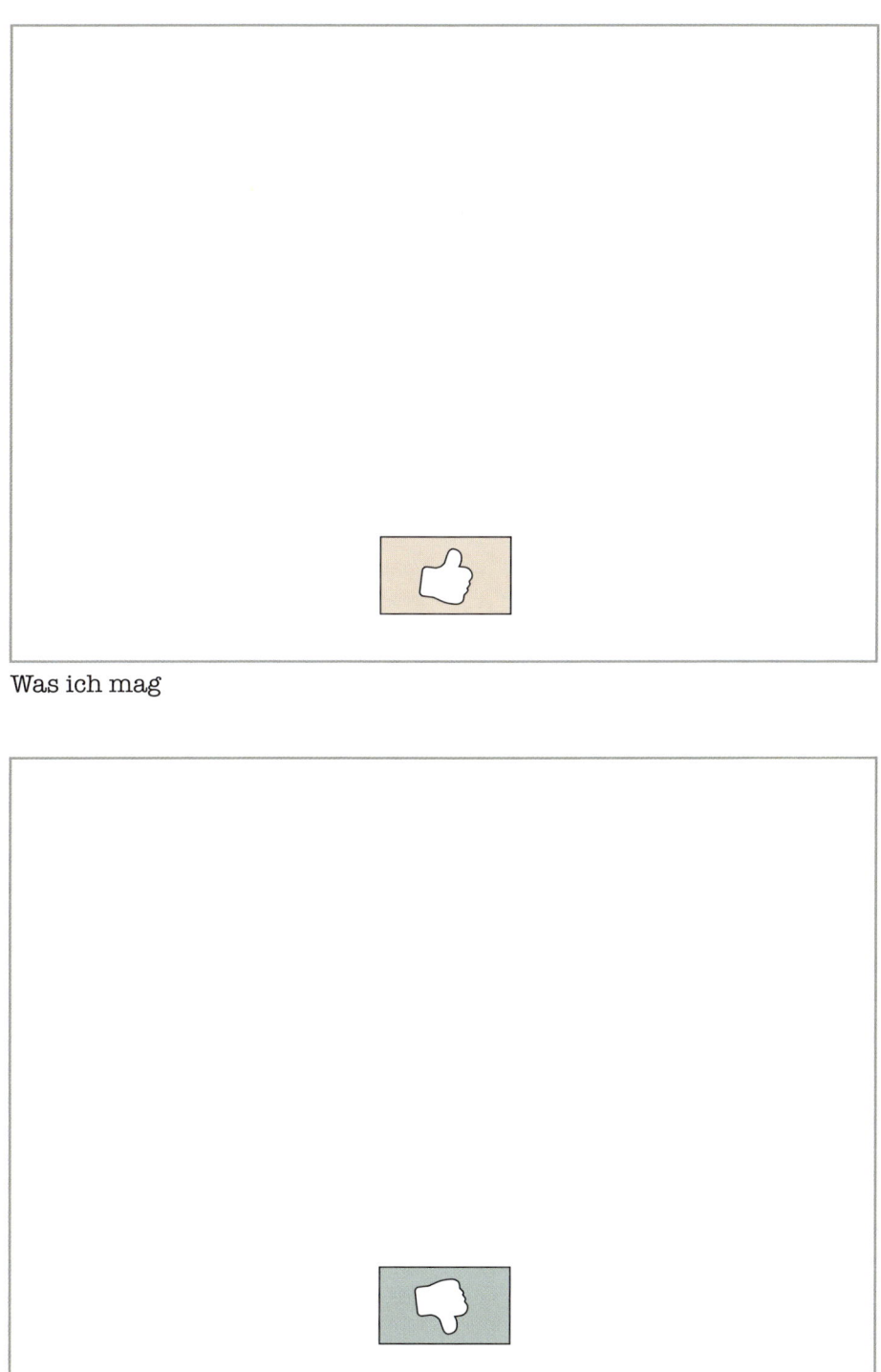

Was du lieber sein lassen solltest

AUF DIE OHREN

Diese Musikrichtung geht gar nicht:

! [ ] !

Beim Ausgehen tanze ich am liebsten zu:

[ ]

Wenn ich traurig bin, höre ich diesen Song:

Interpret	Titel

Und wenn ich glücklich bin, diesen:

Interpret	Titel

Diesen Song würde ich am liebsten Tag und Nacht hören:

Interpret	Titel

Unter der Dusche singe ich:

Interpret	Titel

Dieser Song ist mir eigentlich peinlich, aber ich mag ihn trotzdem:

Interpret	Titel

Für einen romantischen Abend würde ich folgende Songs zur Playlist hinzufügen:

Interpret	Titel
Interpret	Titel
Interpret	Titel

Dieser Song erinnert mich an _____.

Interpret	Titel

Weil: _____

_____

Dieser Song erinnert mich an _____.

Interpret	Titel

Weil: _____

_____

Dieser Song erinnert mich an _____.

Interpret	Titel

Weil: _____

_____

ASSOZIATIONEN

Beispiel:

| Freizeit | | ✓ |

✓ NETFLIX, ABER NUR ABENDS
MIT DEM HUND GASSI GEHEN, GERNE ZU ZWEIT
SHOPPEN, DU SOLLTEST DIE TÜTEN TRAGEN

Freizeit	☐
Feiern	☐
Filme	☐
Urlaub	☐
Winter	☐
Kinder	☐
Streit	☐
Wut	☐
Hobby	☐

Sommer	☐
Kuscheln	☐
Handy	☐
Finanzen	☐
Zukunft	☐
Liebe	☐
Alltag	☐
Emotionen	☐
Geschenk	☐

WENN ICH ...

... gestresst bin, dann:
_____
_____

... eifersüchtig bin, dann:
_____
_____

... müde bin, dann:
_____
_____

... krank bin, dann:
_____
_____

... Lust auf dich habe, dann:
_____
_____

... mich sexy fühle, dann:
_____
_____

... meine Ruhe haben möchte, dann:
_____
_____

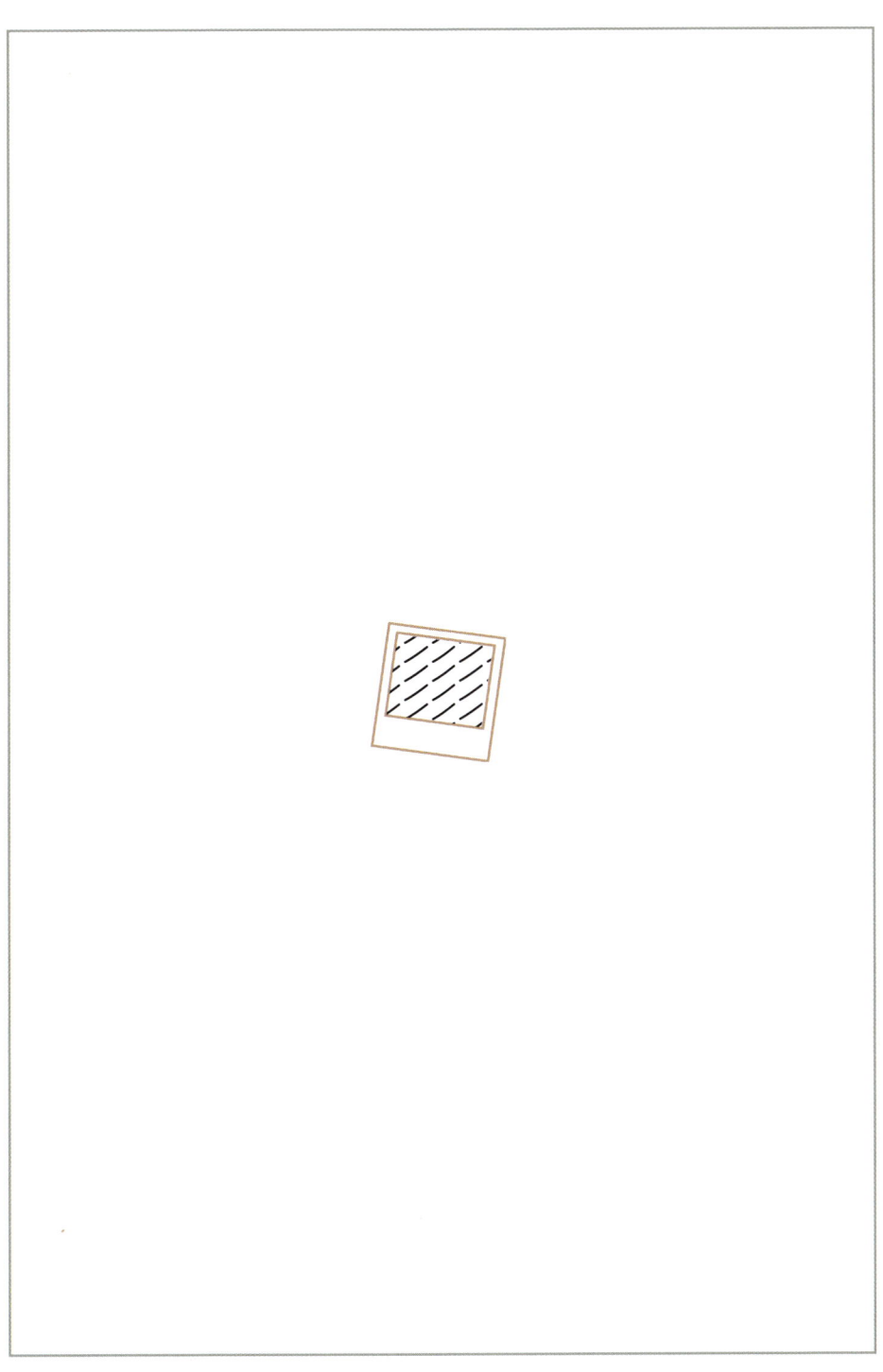

Wenn ich so aussehe, dann: Bitte nicht ansprechen, DANKE!

WENN DU ...

... mich so nennst,

dann:

... das hier kritisierst,

dann:

... mir dieses Kompliment machst,

dann:

... auf Folgendes nicht reagierst,

dann:

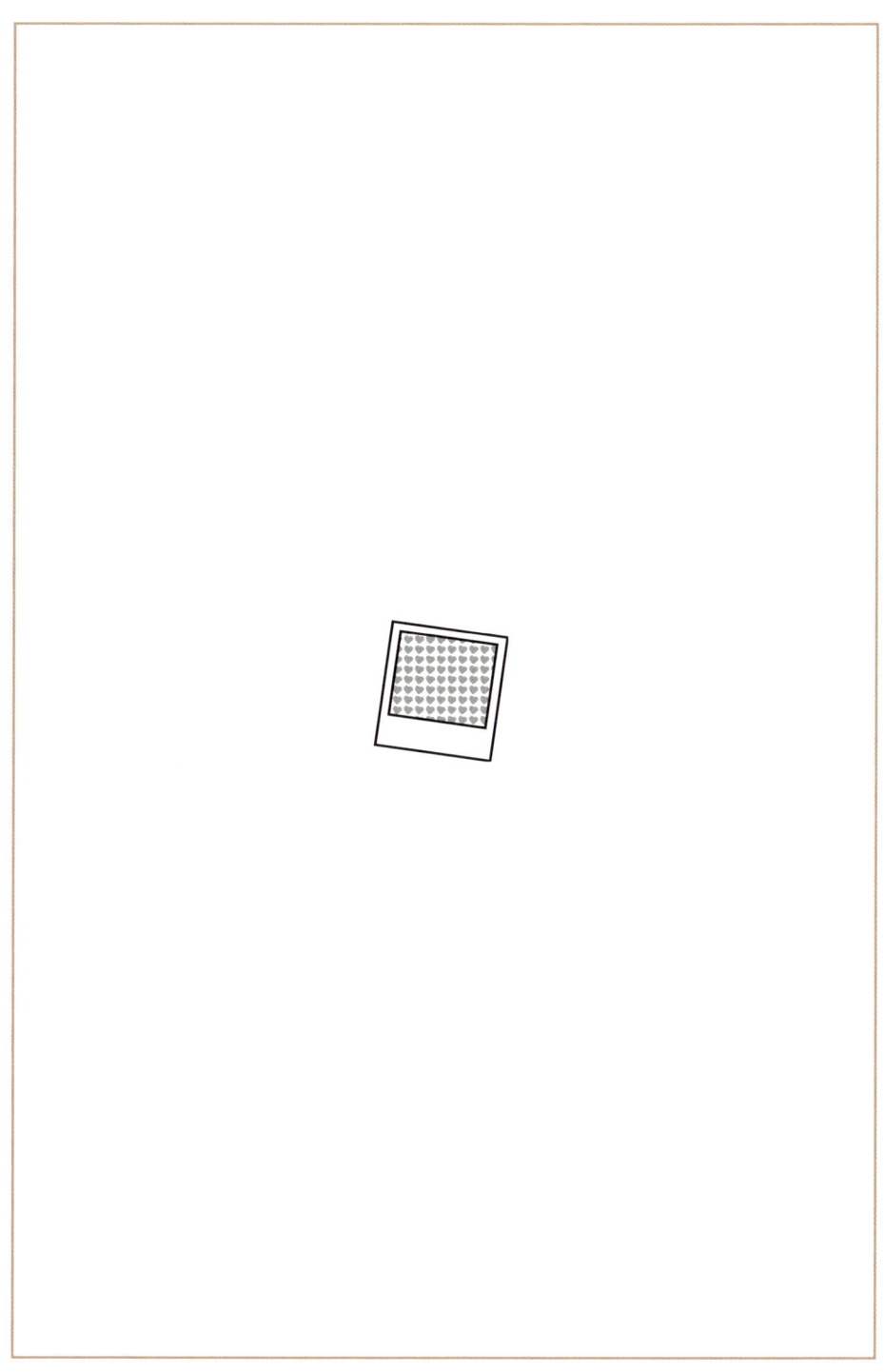

Wenn du dieses Outfit trägst, dann kann ich dir kaum widerstehen!

NUR MAL SO

Diese Ausrede zieht bei mir gar nicht:

_____

_____

Wenn du zu spät kommst, solltest du:

- [ ] mich anrufen
- [ ] dich entschuldigen
- [ ] mir eine Nachricht schreiben
- [ ] _____

Diese Situation könnte zu einem Streit führen:

_____

_____

_____

_____

Ich könnte nie mit jemandem leben, der …

_____

_____

Über dieses Thema solltest du lachen können:

_____

_____

Und dieses lieber ernst nehmen:

_____

_____

Dieses Geheimnis kennst jetzt nur du:

_____

_____

_____

_____

_____ TOP SECRET

_____

_____

Und Bitte erzähl es nicht weiter!

Wenn ich dich anlüge, erkennst du das am ehesten an:

_____

_____

Das Schlimmste, was du zu mir sagen könntest, wäre:

_____

_____

Bitte kritisiere mich niemals, wenn:

_____

_____

Ich habe schon einmal das Gesetz gebrochen.

■ Ja, und zwar:_____

_____

■ Niemals! Im Leben nicht!

■ Das behalte ich dann doch für mich!

PÄRCHENSACHE

DAS SIND WIR

Was ich dachte, als ich dich zum ersten Mal gesehen habe:
_____
_____
_____
_____

Der perfekte erste Satz, um mich anzusprechen, wäre:
_____
_____
_____
_____
_____
_____

Vier Dinge, ohne die eine Partnerschaft langweilig wäre:
- _____
- _____
- _____
- _____

Vier Dinge, auf die ich in einer Partnerschaft nicht verzichten könnte:
- _____
- _____
- _____
- _____

Diese Dinge teile ich nicht mit dir:

- Handy
- E-Mail-Account
- Social-Media-Account
- Badezimmer
- Zahnbürste
- Bett
- Netflix
- Essen
- Geld
- Musikgeschmack
- Freunde
- Tiere
- Urlaub
- Kaffee
- Auto

Oder:
- _____
- _____
- _____
- _____

Diese Dinge teile ich gerne mit dir:

- Handy
- E-Mail-Account
- Social-Media-Account
- Badezimmer
- Zahnbürste
- Bett
- Netflix
- Essen
- Geld
- Musikgeschmack
- Freunde
- Tiere
- Urlaub
- Kaffee
- Auto

Oder:
- _____
- _____
- _____
- _____

WENN DU ...

... mich im Arm hältst, fühlt sich das so an:

... mich küsst, dann:

... mir einen Antrag machen würdest, würde ich so reagieren:

... mich anlügst, dann:

... mit anderen flirtest, dann:

... und ich alt sind, dann:

... mich verführen willst, solltest du ...

... nicht wärst, würde ich gerne diesen Promi daten:

... und ich ein Filmpaar wären, dann wären wir:

+

LIEBENSWERT

Wenn ich mich entscheiden dürfte, dann:

Ergänzung:

Bart	☐ ☐	rasiert	_____
Brille	☐ ☐	Kontaktlinsen	_____
Krawatte	☐ ☐	Fliege	_____
kurzes Haar	☐ ☐	Mähne	_____
chic	☐ ☐	casual	_____
tätowiert	☐ ☐	in natura	_____
trainiert	☐ ☐	Bäuchlein	_____

Diese Körperstelle mag ich am liebsten an dir:

Ich finde, dir steht besonders gut:

Vier Dinge, die ich gerne mit dir ausprobieren möchte:

☐ _____
☐ _____
☐ _____
☐ _____

WICHTIG! Falls du irgendwann mal _____

_____
dann warne mich bitte vorher!

ADDITION

Beispiel:

Erklärung:

HUMOR
+ VERSTÄNDNIS
= Beziehung

OHNE HUMOR UND VERSTÄNDNIS KLAPPT EINE BEZIEHUNG NUR SCHWER!
PS: ICH LIEBE SARKASMUS!

+
= Persönlichkeit

+
= Attraktivität

□
+ □
─────
= Glück

□
+ □
─────
= Reichtum

□
+ □
─────
= Liebe

PÄRCHENSACHE

Am Valentinstag:
_____
_____
_____
_____

Für meinen Geburtstag solltest du …

Das haben meine Eltern über meinen Expartner gesagt:
_____
_____
_____
_____

Das konnten meine Freunde an meinem Expartner nicht ausstehen:
_____
_____
_____
_____

Von dir würde ich mir daher wünschen:
_____
_____
_____
_____

KÖRPERSPRACHE

Leicht um den Finger wickeln kann man mich mit:

An diesen Stellen werde ich gerne geküsst:

Wenn ich mehr von dir will, merkst du das daran, dass ich …

Eine Szene aus
- Magic Mike
- Titanic
- Dirty Dancing
- Spider-Man
- A Star Is Born

könntest du/könnten wir gerne mal nachstellen.

Meine empfindlichste Körperstelle:

IN DER ÖFFENTLICHKEIT ...

- ... will ich allen zeigen, dass wir zusammengehören
- ... gehe ich mit dir Hand in Hand
- ... mache ich lieber mein eigenes Ding
- ... solltest du mich nie küssen
- ... darfst du mich gerne küssen
- _____

So zeige ich der ganzen Welt, dass ich dich mag:
_____
_____
_____

Wenn wir ein Date haben, solltest du:

- lieber pünktlich sein
- mir Blumen mitbringen
- mich zu einem romantischen Essen ausführen
- was Actionreiches geplant haben
- nur Augen für mich haben
- _____

Das perfekte Date sieht für mich so aus:
_____
_____
_____

Dieses Outfit würde ich für ein erstes Date wählen

LEBENSTRÄUME

Diese Momente möchte ich gerne noch mit dir erleben:

☐ _____
☐ _____
☐ _____
☐ _____

An diese Orte würde ich gerne noch mit dir reisen:

Dieses Erlebnis hätte ich gerne mit dir geteilt:

_____
_____
_____
_____
_____
_____
_____
_____
_____

ZUKUNFTSPLÄNE

Unsere perfekte Wohnsituation stelle ich mir so vor:

- ☐ eine gemeinsame Wohnung in einer Metropole
- ☐ ein sanierter Bauernhof auf dem Land
- ☐ ein Bungalow in Strandnähe
- ☐ eine Doppelhaushälfte mit unseren Freunden
- ☐ Ich möchte nicht zusammenziehen
- ☐ _____

Ich möchte in Zukunft ... (so viele)

☐ HAUSTIERE

☐ KINDER

☐ _____

☐ _____

... mit dir haben.

Was ich mir für die Zukunft gar nicht vorstellen kann: _____

_____

_____

_____

_____

STÄRKEN UND SCHWÄCHEN

MEINE STÄRKEN ...

Was ich wirklich besser kann als andere:

_____
_____
_____
_____

Diese Eigenschaften mag ich besonders gerne an mir:

_____
_____
_____
_____

Was meine Freunde an mir schätzen:

_____
_____
_____
_____

Was mich wirklich ausmacht:

_____
_____
_____
_____

... UND SCHWÄCHEN

Was ich gar nicht kann:

▪ _____
▪ _____
▪ _____
▪ _____

Diese Eigenschaften würde ich gerne ablegen:

▪ _____
▪ _____
▪ _____
▪ _____

Was meine Freunde an mir kritisieren:

▪ _____
▪ _____
▪ _____
▪ _____

Diese Laster konnte ich noch nicht ablegen:

▪ _____
▪ _____
▪ _____
▪ _____

ANGSTHASE UND DRAUFGÄNGER

Wenn es nachts an meiner Tür klopft, dann:

- ■ schlafe ich einfach weiter
- ■ bekomme ich richtig Angst
- ■ hole ich meinen Baseballschläger hervor
- ■ rufe ich sofort die Polizei
- ■ verstecke ich mich unter der Decke
- ■ mache ich die Tür auf
- ■ checke ich die Überwachungskamera
- ■ frage ich, wer da ist
- ■ _____
- ■ _____

WICHTIG! Ich habe richtig Angst vor _____ .

Weil: _____
_____

In diesen Situationen müsstest du mich beschützen: _____
_____
_____
_____
_____

Was ich mich gerne mal trauen würde: _____
_____
_____
_____
_____

Diese Superkraft würde ich wählen:

Als Kind hatte ich Angst vor:

Das hat mir niemand zugetraut:

-
-
-
-
-

Aber ich habe es durchgezogen!

Diesen Film kann ich nicht gucken, weil ich ihn zu gruselig finde:

Ich habe ▪ Angst im Dunkeln ▪ keine Angst im Dunkeln

Dabei stellen sich mir die Nackenhaare auf:

In dieser Situation habe ich mich selbst überwunden:

EIGENART(IG)

Diese Eigenart ist bezeichnend für mich:

Ich bin ein wandelndes Lexikon, wenn es um diese Themen geht:

-
-
-
-
-
-
-
-

Und davon habe ich wirklich keine Ahnung:

-
-
-
-
-
-
-
-

Meine größte Schwäche ist:

Das sollte ich noch lernen:

Was ich zu oft sage, aber nicht so meine:

An dieser Stelle bin ich kitzlig:

Im Wartezimmer dieses Arztes würde ich gerne wegrennen:

Ich bin so kindisch, wenn …

Mir hierbei die Verantwortung zu überlassen, wäre lebensgefährlich:

Hierbei sollten wir einer Meinung sein:

Ich mache mir Sorgen um dich, wenn …

WICHTIG!

Dieses Thema ist absolut tabu:

Sonst:

STATISTIKEN

So intelligent schätze ich mich ein:

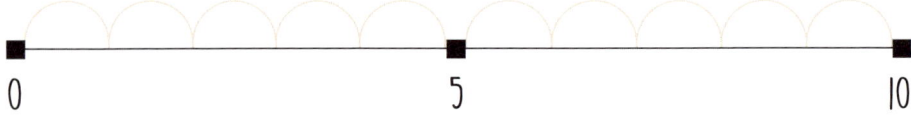

0 5 10

So eifersüchtig bin ich:

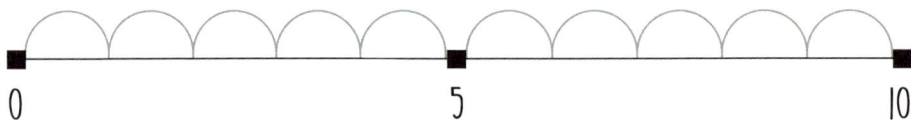

0 5 10

So besitzergreifend kann ich werden:

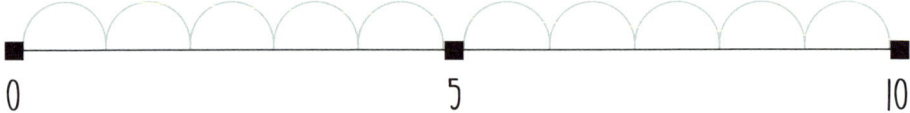

0 5 10

So witzig finde ich mich selbst:

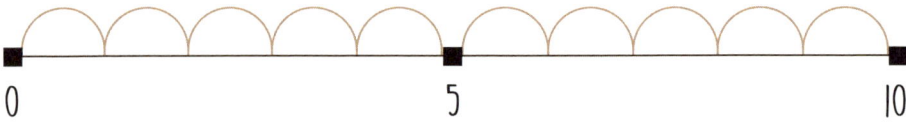

0 5 10

So gut kann ich zuhören:

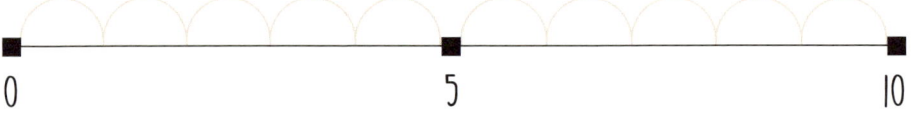

0 5 10

So ungeduldig schätze ich mich ein:

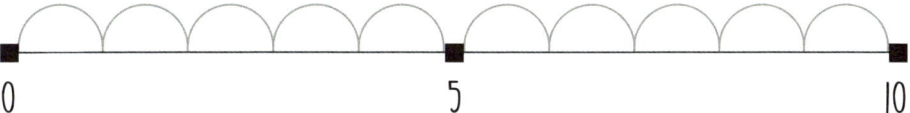

So pünktlich bin ich:

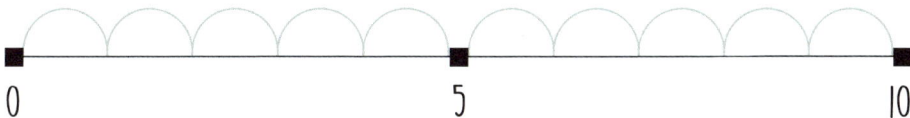

So verlässlich bin ich:

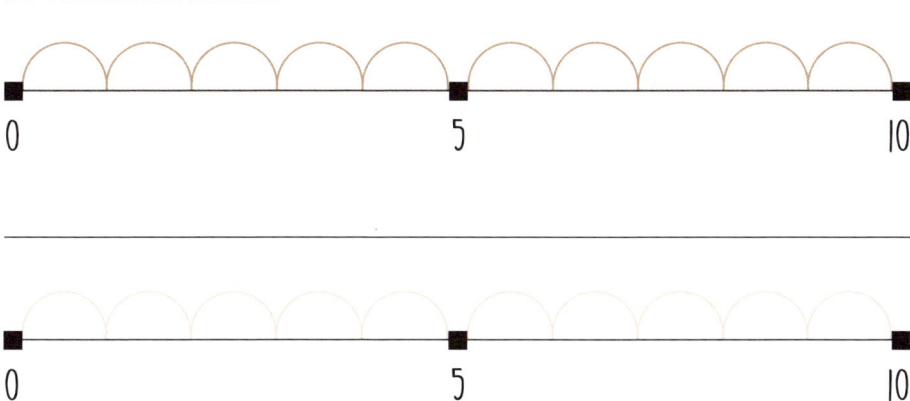

Mein Persönlichkeitsprofil in einem Diagramm:

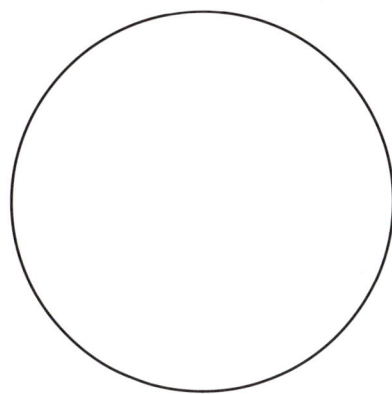

KREATIVES

Wenn ich ein Gedicht schreiben würde, dann klänge das so:

Titel

_____
_____
_____
_____
_____
_____
_____
_____
_____
_____

Und ich hoffe, ...

☐ du lachst nicht darüber   ☐ du lachst darüber

Ich finde, das kannst du besonders gut: _____
_____
_____

Und könntest du mir das irgendwann einmal erklären: _____
_____
_____

Schau mal, wie kreativ ich bin

ZWISCHENMENSCHLICHES

FAMILIENBANDE

Was du über meine Mutter wissen solltest:

Was du über meinen Vater wissen solltest:

Was du über den Rest meiner Familie wissen solltest:

Was meine Familie besonders macht:

Damit kannst du bei meiner Familie richtig punkten:

_____

_____

_____

_____

Wichtige Anlässe feiert meine Familie ...

◼ gar nicht   ◼ mit vollem Elan ↘

Und zwar so: _____

_____

_____

_____

Diese Termine solltest du dir merken:

Datum	Anlass

Meiner Mutter machst du eine Freude mit: _____

_____

Und meinem Vater mit: _____

_____

FREUNDSCHAFTEN

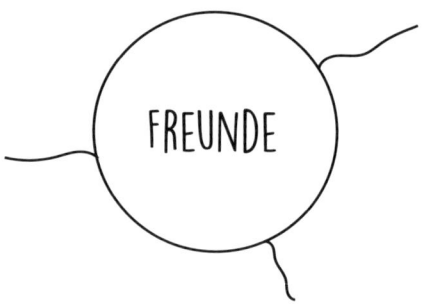

Das ist mein Freundeskreis

Am längsten befreundet bin ich mit:

Nämlich seit: _____

So haben wir uns kennengelernt: _____

_____

_____

_____

Mit dieser Person bespreche ich alles:

Wir kennen uns seit: _____

So haben wir uns kennengelernt: _____

_____

_____

_____

Was ich nur mache, wenn ich unter Freunden bin: _____

_____

_____

Wenn du meine Freunde zum ersten Mal triffst, dann solltest du lieber: _____

_____

_____

_____

Ein kleiner Tipp, damit sie dich auf Anhieb mögen: _____

_____

DIESE PERSON

☐

liebe ich über alles, weil:

☐

bewundere ich, weil:

☐

hasse ich, weil:

☐

ist mir egal, weil:

☐

solltest du mögen, weil:

☐

ist mir richtig peinlich, aber:

Was mir an Menschen besonders wichtig ist:

-
-
-
-

Und was wirklich gar nicht geht:

-
-
-
-

Diese Personen aus deinem Freundeskreis finde ich sympathisch:

-
-
-
-

Ich bin extrem eifersüchtig auf:

Weil:

ARBEITSLEBEN

Hier arbeite ich momentan:

Meine Position:

Ich habe eine ☐ -Stunden-Woche.

Ich arbeite:

- ☐ nur werktags
- ☐ auch am Wochenende
- ☐ in Schichtarbeit
- ☐ nachts
- ☐ wie ich möchte
- ☐ _____

Diese Kollegen mag ich sehr gerne:

Und mit diesen habe ich eher Probleme:

Das wollte ich meinem Vorgesetzten schon lange mal sagen:

Diesen Beruf hätte ich gerne gelernt:

Weil:

Daran ist es gescheitert:

Als Kind wollte ich später mal diesen Beruf ausüben:

Die schlimmste Arbeit, die ich je machen musste, war:

Weil:

Wenn ich nach einem anstrengenden Tag nach Hause komme, wäre es schön, wenn du …

Wenn diese Situation eintritt, würde ich sofort kündigen:

Was für mich bei meiner Arbeit wichtig ist:

VERGANGENES

Mein erster Partner:

Wir waren   Stunden/Tage/Monate/Jahre zusammen.

Die schlimmste Beziehung hatte ich mit:

Weil:

Das möchte ich in Beziehungen nicht mehr erleben:

Ich hatte mal was mit:

Bitte nicht eifersüchtig sein/lachen/sauer sein!!!

Deswegen bist DU besser als alle meine Expartner:

Über die Expartner sollte man …

Ich habe schon einmal einen Antrag bekommen:

◼ Ja   ◼ Nein   ◼ Das behalte ich vorerst noch für mich

Diese Geschichte wird über mich erzählt:

Das ist allerdings gelogen!

Eine peinliche Bettgeschichte:

QUIZ

Für den Beschenkten

WIE GUT KENNST DU MICH JETZT?

Nachdem du dieses Buch gelesen hast, solltest du ein echter Experte bezüglich meiner Person sein! Kann dir jetzt keiner mehr etwas vormachen oder hast du nur quergelesen und solltest das Buch besser noch einmal gründlicher studieren? Mit dem folgenden Quiz können wir dein Gedächtnis testen! Spicken verboten! Ich korrigiere hinterher!

FRAGE – ANTWORT

1. Diesen Song singe ich unter der Dusche:

☐ Richtig ☐ Falsch

2. Bei diesen Themen macht mir niemand etwas vor:

☐ Richtig ☐ Falsch

3. Ich habe richtig Angst vor:

☐ Richtig ☐ Falsch

4. Diese Person kann ich nicht ausstehen:

☐ Richtig ☐ Falsch

5. Meine empfindlichste Körperstelle:

☐ Richtig ☐ Falsch

6. Mein Lieblingswort:

☐ Richtig ☐ Falsch

7. Bei unserem ersten Date solltest du:

Richtig Falsch

8. Mein Geburtstag:

Richtig Falsch

9. Was mich richtig auf die Palme bringt:

Richtig Falsch

10. Dinge, die ich nicht gerne teile:

Richtig Falsch

11. Diese Körperstelle liebe ich an dir:

Richtig Falsch

12. Das solltest du tunlichst vermeiden:

Richtig Falsch

13. Absolutes Tabuthema:

Richtig Falsch

14. Das macht Liebe für mich aus:

Richtig Falsch

Fragen richtig beantwortet

ZUR AUSWERTUNG ⟶

AUSWERTUNG:

0-4 Fragen richtig:

TRAUERSPIEL

Nun ja, da fragt man sich schon, was du in den letzten Stunden so gemacht hast und ob du das Buch überhaupt gelesen hast.
Natürlich musst du hier nichts auswendig lernen, aber ein paar richtig beantwortete Fragen mehr, wären schon wünschenswert. Versuch es doch später noch einmal!

5-9 Fragen richtig:

SOLIDES WISSEN

Das war gar nicht mal so schlecht, aber auch kein Funkenflug. Du hast das Meiste zwar richtig beantwortet, aber zum Streberlein fehlen noch ein paar Punkte. Du könntest dich damit abfinden und hoffen, dass ich dein lückenhaftes Wissen nicht bemerke, oder du versuchst, dich ein bisschen mehr auf mich einzustellen, und schnappst dir das Buch noch einmal. Es liegt an dir!

10-15 Fragen richtig:

STREBERLEIN

Herzlichen Glückwunsch, das war perfekt! Da hat wohl jemand aufgepasst und das Buch mit Sorgfalt studiert. In Zukunft werden bestimmt kaum mehr Missverständnisse zwischen uns entstehen und du wirst mir jeden Wunsch von den Lippen ablesen können und immer wissen, wenn ich mir Sorgen mache. Eine rosige Zukunft steht uns bevor! Ich bin stolz auf dich!

Quizchampion (Bitte lächeln!)

KENNST DU SCHON ...

Du bist der größte Schatz der Welt

ISBN: 978-3-96698-195-8
www.cupcakesandkisses.de

BLICK INS BUCH →

UND ...

Das sind Wir: die Bucket List für Paare

ISBN: 978-3-96966-468-1
www.cupcakesandkisses.de

BLICK INS BUCH

AUCH WENN DU MICH JETZT GUT KENNST,
EIN PAAR GEHEIMNISSE SOLLTE MAN
SICH IMMER BEWAHREN!